AF174524

ALFONSO BASALLO
Y TERESA DÍEZ

DIEZ MUJERES
DE CINE

didas**kalos**

Imagen de portada: REVOLUTIONARY ROAD Kate Winslet, Leonardo Dicaprio Fecha: 2008

Autores: © Alfonso Basallo y Teresa Díez

Primera edición: enero 2024

Impreso en España. Printed in Spain
Depósito legal: M-35956-2023
ISBN: 978-84-19431-33-2

Maquetación: Juan Carlos Adame

Impresión y encuadernación:
  Editorial Didaskalos
  Valdesquí 16, Madrid 28023

Índice

Págs.

INTRODUCCIÓN... SIN ÁNIMO DE HACER SPOILER 7

1. TRES RETRATOS DE EVA *(Tú y yo)* 13

2. LA ELECCIÓN DE PAREJA *(Caravana de mujeres)* 21

3. LA JUNGLA LABORAL *(El diablo viste de Prada)* 27

4. LA TRAMPA DEL ROMANTICISMO *(La hija de Ryan)* . 33

5. NO ES BUENO QUE EL HOMBRE ESTÉ SORDO
   (Revolutionary Road) 41

6. LA MUJER DEL HÉROE *(Las nieves del Kilimanjaro)* . 47

7. LA GUERRA DE LOS SEXOS *(Thelma & Louise)* 55

8. LA SOLEDAD *(Solas)* 63

9. LA MATERNIDAD *(Cinco lobitos)* 71

10. SEÑORA DE ROJO SOBRE FONDO GRIS *(Gran Torino)* 79

OTRAS PELÍCULAS INTERESANTES SOBRE LA MUJER ... 85

Introducción… sin ánimo de hacer spoiler

Este libro que dejamos en tus manos, querido lector, no tiene otra pretensión que descubrirte el placer de ver buen cine y cómo éste refleja el universo femenino. Los autores hemos seleccionado diez películas muy diversas sobre la mujer y cuanto la rodea (la relación de pareja, la maternidad, el trabajo, el hogar, la conciliación, la feminidad, etc.), con diferentes temáticas y realizadas en diferentes épocas, aunque la mayoría son recientes —del siglo XXI— o relativamente recientes —de los años 90—. Encontrarás en el libro variedad de géneros —comedias, melodramas, thrillers...— y hasta un western que, aunque no lo parezca, también puede ser cosa de mujeres, como se puede comprobar con la serie *The English*, con Emily Blunt. Verás, a través de estas páginas, distintos tipos de mujer, en distintas situaciones, encarnados por grandes actrices, de Susan Sarandon a la española María Galiana, pasando por Kate Winslet, Deborah Kerr, Anne Hathaway o Meryl Streep.

Algunas de las películas son muy conocidas, otras menos, pero todas tienen calidad y las historias que cuentan dan pie a reflexiones sobre temas de fondo. No se eluden los asuntos duros o conflictivos, algunos tan de actualidad como el machismo y la guerra de sexos (a través de ese filme premonitorio del movimiento *#MeToo* que fue *Thelma & Louise* de Ridley Scott); o la trampa del emotivismo que acecha a mujeres —y a hombres, por igual— a través de *La hija de Ryan,* de David Lean; o el problema de la incomunicación, que puede arruinar muchos matrimonios, como refleja certeramente *Revolutionary Road*. Pero junto al reverso negativo, la pantalla muestra también el lado positivo, como el papel de la mujer para evitar el aburguesamiento en la unión conyugal, plasmado por Robert Guédiguian en *Las nieves del Ki-*

limanjaro o la fuerza de la maternidad en esa hermosa aproximación al mundo de las primerizas, divididas entre el trabajo y los pañales, que es *Cinco lobitos*.

Abre la selección un título del cine clásico, *Tú y yo*, de Leo McCarey, que bajo el ropaje de una comedia romántica encierra una reflexión antropológica sobre la fascinación del hombre por la mujer, y cómo ésta es capaz de interpelar a la masculinidad del varón. Y concluye con un canto a la mujer ausente, a la esposa fallecida, en una película que, a priori, puede parecer poco femenina: *Gran Torino*, de Clint Eastwood.

El común denominador de todo el libro es la idea de que la mujer no está sola sino vuelta o referida al varón, y viceversa; que la unidad se construye sobre la diferencia; y que la vocación más radical del ser humano es el amor, a través de esa unidad de dos que es el matrimonio. Lo cual no quiere decir que todas las mujeres que aparecen en estas diez películas sean esposas o novias. Pero todas sus peripecias giran, positiva o negativamente, en torno a las relaciones familiares o las relaciones con el otro sexo, porque toda vida humana es, a fin de cuentas, un trenzado de vínculos, y toda persona, creada a imagen y semejanza de Dios, tiene un dimensional esponsal, como recordaba Juan Pablo II.

Todo esto lo hemos querido transmitir con un lenguaje asequible y un estilo lo más transparente posible, que permita *ver* lo que se nos cuenta en la pantalla. Porque el cine —su hija, la televisión y sus nietas, las series— no es únicamente un formidable instrumento de entretenimiento sino también un arte y un vehículo para transmitir ideas. Hasta el punto de que sus imágenes nos pueden ayudar a entender la condición humana. Es lo que trató de hacer el filósofo Julián Marías con su esbozo de antropología cinematográfica: "el cine es, con métodos propios, con recursos de los que hasta ahora no se había dispuesto, un análisis del hombre, una indagación de la vida humana".

Y modestamente, es lo que hemos tratado de hacer los autores, siguiendo la estela del maestro Marías, analizando cómo estas diez películas nos hablan del amor, la muerte, la libertad, los celos, la sexualidad, la educación, la solidaridad, la conciliación… etcétera.

Invitamos al lector a hacer lo mismo. Si una película tiene trasfondo y no es simple evasión, puede dar mucho juego para comentar en familia —padres e hijos, e hijos con amigos, y novios con novias— y reflexionar sobre temas interesantes, con enriquecedores debates.

Pero no sigamos dando más información para no hacer *spoiler* que, por cierto, hemos sorteado en todos los capítulos contando aspectos de la trama, pero sin revelar más de la cuenta.

Así que pónganse cómodos, lean… y vean.

1

Tres retratos de Eva

Tú y yo, (EE.UU., 1957). Director: Leo McCarey. Intérpretes principales: Cary Grant y Deborah Kerr. Titulo original: *An affair to remember*.

Sinopsis

Nickie Ferrante (Cary Grant), un *playboy* madurito, que no ha dado un palo al agua en su vida, se enamora a bordo de un crucero de lujo de Terry (Deborah Kerr), cantante de club nocturno. Los dos están comprometidos —ella tiene novio y él va a casarse con una rica heredera—, pero lo que surge entre ellos les cambia por completo la vida. Y de común acuerdo deciden darse un tiempo para reflexionar. Han quedado en volver a verse seis meses más tarde en el piso superior del Empire State Building. Pero solo Nickie llega a la cita…

————

"Yo vivía como Robinson, un náufrago entre ocho millones de personas, hasta que un día vi huellas en la arena…" le dice Jack Lemon a Shirley McLaine en una escena de *El apartamento* (Billy Wilder, 1960), una de las mejores comedias románticas de la historia del cine. La frase parece una traslación al Manhattan del siglo XX de lo que debió decir Adán al ver a Eva, recién creada por Dios para él, y salir así del estado de soledad originaria. Se debió sentir fascinado ante alguien que era igual que él ("esto sí que es carne de mi carne y hueso de mis huesos") pero, a la vez, diferente (sexualmente, afectivamente, psicológicamente), y más maravillado todavía al comprender que esa diferencia era la base de su unidad indisoluble ("seréis una sola carne"). Esa misma fascinación se repite cada vez que un chico se enamora de una chica y descubre que no está solo (las huellas en la arena). Una fascinación, que parece haberse desdibujado en esta época de rupturas conyugales, violencia doméstica y desconfianza de la mujer hacia el varón.

Tú y yo habla de esa fascinación y de cómo la mujer interpela al varón, le atrae con su belleza, y su diferencia, y le pone en su sitio. En el relato del Génesis, el hombre comienza a ser consciente de su masculinidad en el momento en que Eva entra en escena. Lo mismo le ocurre al *playboy* Nickie de *Tú y yo*. Ha coleccionado amoríos, pero no se ha encontrado con la Eva que le va a sacar de su soledad paradójica (es un Robinson erótico, un náufrago entre multitud de chicas), y cuando da con ella descubre su masculinidad, la tarea para la que sido creado: ponerse a trabajar, igual que a Adán le toca cultivar el Jardín del Edén. No entraba en sus planes, porque al ir a casarse con una rica heredera, tenía la vida resuelta. Pero al enamorarse de Terry sabe que debe trocar la inmadurez y la comodidad por la responsabilidad y el sacrificio. Nickie y Terry se dan un tiempo para poner a prueba su naciente amor y quedan en verse, a los seis meses, en el Empire State Building, "el lugar más cerca del cielo".

Como el diletante vividor no tiene otra habilidad que la de pintar, trata de vender sus cuadros... con escaso éxito. Conoce la pobreza y la humillación, y el Adán que lleva dentro toma conciencia de que procede de la tierra (*humus*, humildad). Cuando acuda a la cita, su orgullo sufrirá una nueva prueba, porque Terry no aparece ni se pone en contacto con él para darle explicaciones. El tampoco trata de averiguarlo y ella no permite que se lo cuenten, pues no quiere mendigar su compasión.

Con la llegada de la Navidad —el tiempo del Milagro por antonomasia, como nos recuerdan los villancicos, Dickens y Frank Capra—, se deshace el nudo hábilmente trenzado por los guionistas, cuando una dama lisiada adquiere un cuadro pintado por Nickie en el que aparece ella misma retratada. En los últimos quince minutos, el director Leo McCarey nos reserva una catarsis en la que las representaciones de la realidad —un cuadro, un espejo— revisten de emoción el inesperado final.

Tu y yo es un retrato de mujer y, a través de él, del hombre. La pintura es, en esta película, la clave artística de una realidad: hombre y mujer están referidos el uno al otro. Si existe Eva es porque existe Adán. Y éste adquiere su nombre, y su razón de ser, en función de la "ayuda adecuada" que le da el Creador. Se podría decir que la frase "lo que ha unido Dios que no lo separe el hombre" se refiere no solo a un matrimonio concreto sino, de alguna manera, a todos los hombres y mujeres en la medida en que han sido diseñados y planeados para vivir juntos y construir el mundo juntos, con una maravillosa complementariedad.

Lo que hace despertar de su sueño de inmadurez a Nickie es la persona de Terry —igual que Adán despierta del sopor una vez que el Creador le presenta a Eva, sacada de su costilla—. En el filme queda bien claro que lo que a Nickie le atrae de Terry no es el cuerpo —a diferencia de lo que le sucedía en los anteriores ligues— sino la persona toda. Y la belleza a la que se refiere la joven afecta a todas las fibras de su ser ("la belleza me hace llorar" le dice en la cubierta del barco), y el *playboy*, conmovido, acepta esa idea y la hace suya. La mujer será la brújula que le haga rectificar el rumbo a un Nickie desnortado. Y la que le descubrirá la razón de ser de su existencia.

Pero además de Terry, juegan un papel clave otras dos mujeres en *Tú y yo*. Una es Nicole, la abuela del protagonista, a la que visitan cuando el crucero atraca en la costa francesa. Esta le recuerda sus raíces, sin las cuales el *playboy* estaría condenado a vagar sin rumbo por los mares de la vida. La abuela es el ancla, el hogar, el lugar al que siempre se vuelve. Y es ella la que le hace ver que la atracción que siente por Terry no es una aventurilla más, sino un amor por el que vale la pena jugarse la vida. También es la mirada de la abuela la que saca a la luz las cualidades ocultas del Nickie más auténtico y se las muestra a Terry, haciéndoles ver a los dos que han sido pensados el uno para el otro.

La segunda mujer no es otra que la Virgen María, que el director convierte en personaje mediante el lenguaje cinematográfico, cuando inserta primeros planos de una imagen suya en la escena en la que Terry y Nickie van a rezar a la capilla de la abuela. Se trata de una secuencia muda que, sin embargo, *dice* muchas cosas gracias a la interpretación de los actores y su forma de recogerse, rezar y mirar a la imagen de la Virgen. En esta escena sorprendente en una película de Hollywood, la nueva Eva interpela a Adán y le empuja a replantearse su vida.

Estamos, por lo tanto, ante tres retratos de mujer: Terry representada en el cuadro; la abuela Nicole, en el chal que le regala a la joven; y la Virgen, en su pequeña talla de la capilla. Esta triple presencia femenina coincide en las escenas que se desarrollan en casa de la abuela Nicole —un remanso de paz y serenidad—; y constituyen el eje sobre el que giran las trayectorias de la pareja protagonista, el centro de gravedad de lo que empieza como una comedia intrascendente y ciento catorce minutos más tarde termina siendo un potente melodrama, como señala Eduardo Torres-Dulce en su magnífico ensayo *Armas, mujeres y relojes suizos*. Por una vez —y sin que sirva de precedente— el título original (*An affair to remember*) no le hace justicia a la historia que vemos en la pantalla, ya que tiene mayor hondura la traducción española (*Tú y yo*).

El tono elegante de la película es acorde con el trasfondo de la historia, con escenas tan logradas como ese beso —invisible para el espectador— que se dan los protagonistas en una escalera del barco. Y justamente por invisible, se trata del beso más romántico de la historia del cine.

Esta película hubiera sido imposible sin la maestría de un director como Leo McCarey, la habilidad de varios guionistas —como Delmer Daves, que a su vez dirigió la primera versión de *El tren de las 3.10*, con Glenn Ford—; y sobre todo sin unos actores como ya no quedan, Deborah Kerr y Cary Grant. Este, en concreto, demuestra ser un comediante increíblemente versátil. Sin despeinarse, sin descomponer traje y corbata —que le sentaban como un guante— era capaz de hacer que nos desternilláramos en *Luna nueva* o *Me siento rejuvenecer*, de transmitir desasosiego a través del agente secreto de *Encadenados*, de Hitchcock, o de ponernos un nudo en la garganta en los minutos finales de *Tú y yo*. Tengan cerca los *kleenex*, están avisados.

2

La elección de pareja

Caravana de mujeres (EE.UU., 1951). Director: William Wellman. Intérpretes principales: Robert Taylor y Denise Darcel. Titulo original: *Westward the women*.

Sinopsis

A mediados del siglo XIX, un guía de caravanas (Robert Taylor) conduce desde Chicago a California a 150 mujeres hasta un valle de colonos solteros para que se casen y repueblen la zona. Será un largo y accidentado viaje, de 5.000 kilómetros, a través de montañas y desiertos, con la amenaza constante de los indios.

———

No siempre la mujer tiene un papel decorativo en un género tan masculino como el western. En bastantes de ellos, aparecen mujeres de armas tomar, incluso literalmente como Joan Crawford en *Johnny Guitar*, Barbara Stanwyck en *Cuarenta pistolas* o Lilian Gish, la madre viejecita, de *Los que no perdonan*. O en series como la reciente *The English* con Emily Blunt. Y en otros muchos son el motor de la trama, de suerte que sin ellas no hay película: sin Vera Miles, ni John Wayne ni James Stewart se enfrentarían al villano en *El hombre que mató a Liberty Valance*; por no hablar de la morena (Jean Simmons) y la rubia (Carol Baker) sobre las que gravita *Horizontes de grandeza*.

Pero se lleva la palma este insólito western femenino, que no feminista. Insólito por muchos motivos, comenzando por su origen: se trataba de un proyecto de Frank Capra, el célebre director de *Qué bello es vivir* y *Vive como quieras*, que acabó dirigiendo un especialista en cine de acción, William Wellman. Y el aroma de Capra impregna este western humano y delicado —en el que no falta una inmigrante italiana entre las mujeres de la caravana—.

Insólito por el asunto y la forma de tratarlo. Son ellas las que deciden con quién les gustaría casarse cuando, antes de partir para California, eligen en un tablón lleno de fotografías al candidato que les espera en el Oeste. Insólito también por la lección que las señoras le dan al guía de caravanas (Robert Taylor), un tipo rudo, de vuelta de todo, que al principio las mira condescendiente, pensando que no van a ser capaces de soportar las calamidades, advirtiéndoles que "solo una de cada tres sobrevivirá", y que termina rindiéndose a la evidencia.

Insólito, en fin, porque este western, un género cinematográfico que parecía arrumbado en el desván, dio origen a un fenómeno sociológico en la España de los años 80, cuando doce solteros del pueblo de Plan (en el Pirineo oscense) organizaron una caravana de autobuses después de ver en el bar la película que emitía TVE. De aquella primera cita en el Pirineo —a la que acudieron 60 chicas en 3 autobuses—, salieron 31 matrimonios, y la mayoría ahí siguen casi 40 años después. Lo cual desmonta el tópico de que la conveniencia no sea un motivo para pasar por la vicaría. Como los de la película, que son matrimonios de conveniencia... demográfica.

La aventura de las pioneras es una metáfora de la propia América. La mayoría son inmigrantes europeas, muchas solteras, alguna viuda, dos mujeres alegres que quieren cambiar de vida, una de las cuales (interpretada por Denise Darcel) se enamorará del guía. Algunas encontrarán la muerte en las riadas o en el desierto, una madre soltera dará a luz en una carreta... y cuando llegue al valle encontrará a un joven dispuesto a desposarse con ella. Lo mismo ocurrió en la caravana de Huesca, donde una auxiliar de clínica, madre soltera con dos hijos, encontró a un esposo... la vida imita al arte.

El azaroso viaje concluye con un detalle encantador. Después de haber recorrido miles de kilómetros, las mujeres se niegan a entrar en el valle californiano si el guía no les proporciona ropa para presentarse ante los colonos. Así que Robert Taylor se adelanta al asentamiento de estos, y recopila cortinas, colchas, y manteles con los que ellas confeccionan unos vestidos, y se deshacen de los raídos pantalones.

Esa feminidad interpela a la masculinidad del guía, que quizá solo había conocido una determinada clase de mujeres, pero que a lo largo del viaje se transforma en lo más parecido a un caballero. Y antes de que las pioneras lleguen, exige a los rudos vaqueros que las respeten, porque si no se las verán con él, haciendo un encendido elogio de aquellas: "son buenas mujeres, grandes mujeres".

Se nota la mano inconfundible de Capra; pero también la pericia en la puesta en escena de un director experimentado como Wellman (ganador del primer Oscar de la historia, por *Alas*, en pleno cine mudo). Para reflejar la aridez del paisaje y de la brega de las pioneras recurre sabiamente a imagen y sonido. El primero, mediante una espléndida fotografía en blanco y negro. Y con el sonido, al privar de música a la mayor parte del metraje de forma que, aparte de los diálogos, no se oye otra cosa que el chirriar de las carretas, los relinchos de las mulas o el ulular del viento. La música sólo hace su aparición en la escena final, cuando suena la balada que acompaña a las nupcias, poniendo el broche poético a la epopeya.

El resultado es una película que nos habla de la determinación de la mujer, de su sentido práctico, de su entereza ante la adversidad, de su coquetería, de cómo es capaz de convertir el desierto en un vergel, aplicando la madre de todos los consejos demográficos: "creced y multiplicaos".

La referida escena en la que las mujeres eligen la foto del candidato sintetiza la tesis de la película, porque suben a las carretas sin otra brújula que ese daguerrotipo de color sepia y su voluntad de formar un hogar. Tienen por delante el desierto y la incertidumbre. El viaje es un salto al vacío, fiado en un factor material (las carretas y las mulas) y otro intangible (la fe y el amor). Y cuando lleguen al valle, vean en carne y hueso a los candidatos, y comprueben que son los de las fotos, cada una *re-conocerá* al suyo, que es justamente la sensación que se produce cada vez que un hombre y una mujer se enamoran.

Se podría pensar que la tesis es un tanto ingenua, que los tiempos han cambiado. ¿Sí? ¿Es realmente imprescindible para casarse tenerlo todo atado y bien atado, disponer de una casa, dos sueldos, dos másteres, coche...? ¿No nos habremos olvidado de lo más importante? ¿No bastará con la foto del elegido, como las pioneras del Oeste, o un anuncio en el periódico, como las solteras que viajaron hasta el Pirineo aragonés? Y la voluntad de fundar una familia y desafiar al desierto. Vienen a ser la misma cosa.

3

La jungla laboral

El diablo viste de Prada, (EE.UU., 2006). Director: David Frankel. Intérpretes principales: Anne Hathaway y Meryl Streep. Título original: *The Devil Wears Prada*.

Sinopsis

Recién graduada en periodismo, Andrea (Anne Hathaway) quiere abrirse camino en una revista de moda de Nueva York, y empieza a trabajar como asistenta de la directora, la egocéntrica y ambiciosa Miranda (Meryl Streep). Desde el primer día la joven choca con esta, porque no sigue el ritmo endiablado que le impone y los desafíos que le plantea, so pena de ser despedida. En su bautismo de fuego laboral tendrá que decidir entre su integridad como persona o el éxito profesional.

————

El principal valor de esta chispeante comedia es sociológico, pues describe el desembarco de la mujer en la jungla laboral. Un fenómeno que se ha producido a gran escala en el Occidente del último medio siglo, propiciado por un conjunto de factores relacionados entre sí (el acceso de la mujer a la universidad; la dificultad de mantener una familia con un solo sueldo; el desplome de la natalidad, consecuencia a su vez de la píldora anticonceptiva etc.). Se ha pasado de la señorita que estudiaba mecanografía y francés, satirizada en la novela *Entre visillos*, de Carmen Martín Gaite, a las jóvenes actuales, programadas desde niñas para el mundo laboral, que no tienen en su horizonte vital ni el matrimonio ni el hogar o que lo ven como metas bonitas pero utópicas.

El diablo viste de Prada es un espejo en el que puede reconocerse mucha joven de clase media del siglo XXI, que aterriza, ilusionada, en un trabajo para el que lleva preparándose durante años, un trabajo en una revista como la que dirige Amanda "por el cual un millón de chicas matarían", y por el que tendrá que pagar un elevado precio personal. En el caso de Andrea, el distanciamiento de su novio y la pérdida de la vida privada.

Basado en una novela de Lauren Weisberger que, a su vez, trabajó como ayudante de la directora de *Vogue*, *El diablo…* no puede tener un título más apropiado, pues el de la moda es un mundillo tentador, glamouroso por fuera y despiadado por dentro. En la revista del filme están a la orden del día las zancadillas para escalar peldaños, la pugna de egos, el *bullyng* y la explotación de los trabajadores —incluida la esclavitud *light* que sufren las modelos—.

Y a diferencia de otras profesiones, con quien deberá competir Andrea no será con hombres, sino con otra mujer, la implacable Amanda. Esta posee prestigio, estatus, belleza y poder, pero se ha dejado por el camino —sembrado de espaldas apuñaladas— la feminidad, la dulzura, la capacidad de acogida. Su fachada de triunfadora, simbolizada por el zapato de tacón de aguja, esconde una profunda frustración. Y en la escena en la que revela a Andrea su vacío interior y su fracaso como mujer y esposa en la habitación del hotel de París, aparece significativamente descalza. Apeada del pedestal del tacón de aguja, Amanda no es más que una enana moral.

Tratándose de una comedia de Hollywood es fácil adivinar que en el *happy-end*, Andrea reaccionará al caer en la cuenta de que lleva el mismo camino. Un camino en el que los roles han cambiado: es su novio, el tierno y paciente Nate quien la espera con la cena hecha y es ella la que se olvida de felicitarle por su cumpleaños. Un camino en el que no hay espacio ni tiempo para el hogar y todo lo que comporta. Así, el almuerzo es sinónimo de engullir para seguir produciendo o incluso es directamente suprimible, como pone de relieve la escena en la que ella tiene que tirar la comida que se dispone a tomar en el autoservicio, porque le llama la jefa urgentemente.

El planteamiento de *El diablo viste de Prada* tiene trampa, pues da a entender que la mujer está condenada a *des-feminizarse* en el mundo laboral, como si no fuera capaz de imprimir su forma de ser persona femenina, con sus cualidades específicas. La misma Meryl Streep que encarna a la despótica y caprichosa Miranda en *El diablo viste de Prada*, interpretó después a la humana y, no obstante, eficaz magnate de prensa Katharine Graham en *Los papeles del Pentágono* (2017), de Steven Spielberg. Sin ella, el *Washington Post* no hubiera publicado los papeles del Pentágono en 1971, desenmascarando las mentiras sobre la guerra de Vietnam; y de no ser por su coraje, el *Post* no hubiera sacado a la luz el escándalo Watergate, que supuso la dimisión de Nixon, en 1974. En el filme de Spielberg, la señora Graham duda, se ve sometida a fuertes presiones de la Casa Blanca, y finalmente da luz verde para publicar los papeles. Pero sin perder los rasgos de feminidad, toda una dama en un mundo de tiburones de la política.

Vale la pena ver esta entretenida comedia que, entre risas, desliza cosas bastante serias, de las que hacen pensar. Gracias a una protagonista (Anne Hathaway) y unos secundarios notables (los siempre eficaces Stanley Tucci y Emily Blunt) y, sobre todo, a una *co-starring* de matrícula de honor (Meryl Streep).

4

La trampa del romanticismo

La hija de Ryan (Reino Unido, 1971). Director: David Lean. Intérpretes principales: Sarah Miles y Robert Mitchum. Titulo original: *Ryan's daughter*.

Sinopsis

En la Irlanda bajo dominio británico, a principios del siglo XX, Rose (Sarah Miles), una joven
excesivamente romántica, se encapricha de Charles
(Robert Mitchum), el maestro del pueblo, un viudo
veinte años mayor que ella, y se desposa con él, pero,
al descubrir que no es el príncipe azul que soñaba,
acaba en brazos de un oficial del Ejército inglés. La
trama se complica, cuando los británicos descubren
un complot de los revolucionarios irlandeses y todas
las sospechas recaen sobre la joven.

El director británico David Lean (1908-1991)
tiene dos interesantes aproximaciones al adulterio
femenino: *Breve encuentro* (1945) y *La hija de Ryan*
(1971). En el primer caso, toma como referencia (re-
mota) a *Ana Karenina,* y en el segundo se inspira en
Madame Bovary. Sin llegar a la maestría de *Breve encuentro, La hija de Ryan* es una soberbia película que
ofrece un retrato de mujer de singular vigencia, a pesar del medio siglo transcurrido desde su estreno.

Rose, la niña bien del tabernero Ryan, que se
pasea con su elegante sombrilla por los salvajes acan-

tilados de Irlanda, sueña con encontrar a un príncipe azul. Descarta a los mozos de la aldea, azotada por la pobreza y el paro, porque son maleducados y haraganes, y buscará un mal menor, pretendiendo casarse con alguien de más nivel, un maestro de escuela, el viudo Charles (Robert Mitchum). Mas como le ocurre a Emma Bovary en la novela de Flaubert, el maestro —sensato, ordenado, poco hablador… mortalmente aburrido— no colmará sus fantasías, y Rose terminará en brazos de un apuesto comandante del Ejército británico, que pasea a caballo con su impecable uniforme azul marino, su gorra de plato y sus espuelas.

Como el propio Flaubert reconoció, *Madame Bovary* es deudora del personaje de Don Quijote y los estragos que provoca con su loca imaginación. Y eso es lo que nos cuenta David Lean al trasponer a Emma Bovary a la Irlanda ocupada por los británicos, a través de un excelente libreto de Robert Bolt (guionista entre otras de *Un hombre para la eternidad*). El desastre, en este caso, es el adulterio, con el drama añadido de que Rose lo comete con el oficial del Ejército invasor, en plena revolución por la independencia de Irlanda, granjeándose así el odio de sus compatriotas.

En la película se subraya la deriva de la inmadura joven contraponiendo dos encuentros sexuales. El primero es la noche de bodas con Charles, en la que ella queda insatisfecha porque le parece prosaico; el segundo es la relación que posteriormente tiene con el oficial inglés. Esta última aparece aureolada de romanticismo, en el escenario edénico de un bosque, a donde los amantes han llegado paseando a caballo. Desde entonces, la joven se escapa del hogar y procura verse a escondidas con el oficial británico.

Se inscribe la película en el contexto de liberación sexual posterior a mayo del 68, con la ruptura de tabúes como estandarte y el emotivismo como brújula, sin norte, de las conductas. Era la época de los *hippies*, del amor libre, de la contestación a la autoridad, y de filmes de un romanticismo exacerbado, como *Romeo y Julieta* de Zefirelli o *Love story*, de Arthur Hiller, que incluso ganó un Oscar sospechosamente oportunista. Todas ellas han envejecido mal —singularmente la almibarada *Love story*—. No es el caso de *La hija de Ryan*, una obra cinematográfica de gran calidad y un drama potente de acento universal, como lo eran en el terreno literario, *Karenina* y *Bovary*, cuya tesis trasciende el paso del tiempo.

Porque Rose podría ser la metáfora de la juventud mimada e insatisfecha del Occidente de finales del siglo XX. Fue la de los *boomers*, pero quizá lo es aún más la de la generación Z de principios del XXI. Una generación *peterpanesca*, que se niega a crecer y aceptar los valores de la madurez (sentido de la responsabilidad, renuncia) aferrándose a los de la edad del pavo (fantasía y juego). Subida en el mareante carrusel de las emociones, no sabe lo que quiere. Eso es, tal cual, lo que le responde Rose al párroco de la aldea, el padre Hugo, cuando éste le echa en cara su inmadurez: "No te falta dinero, tienes salud, un marido que te ama, ¿qué más quieres?"

En el pecado llevará Rose la penitencia. Y tocará suelo, cuando sus compatriotas le acusen de traidora. El oficial inglés se entera del complot que preparan los guerrilleros irlandeses, lo que le permite detenerlos y matar al líder. Pero Rose únicamente es culpable del adulterio, no de haberle pasado información al enemigo. La joven será la justa que pagará por los pecadores, los verdaderos Judas. Y se verá sometida al escarnio público, cargando con una culpa de la que es inocente, pero asumiendo el castigo sin decir una palabra.

Como ocurría en *El puente sobre el río Kwai,* David Lean retrata la fragilidad humana con un friso de personajes que representan diversos vicios y virtudes. La fantasiosa Rose; su padre el tabernero Ryan (un hombre patéticamente débil); el sufrido padre Hugo (encarnado por el magnífico Trevor Howard), consciente de que no debe arrancar la cizaña de su grey sin cargarse el trigo; o Charles, el paciente marido (un sobrio y eficaz Robert Mitchum), que carga con la burla de todo el pueblo, conmovedor contrapunto de madurez de su irresponsable esposa. Hay, finalmente, un personaje secundario que, sin embargo, es el eje de la trama: Michael, el tonto del pueblo (por el que John Mills ganó el Oscar). Incapaz de hablar, de torpes andares y rostro repulsivo que recuerda al Quasimodo de Víctor Hugo, parece la antítesis de la guapa y distinguida Rose, pero se convertirá en el espejo moral en el que ella termina mirándose.

Y, bajo la batuta de Lean, la naturaleza es otro instrumento de la sinfonía: los majestuosos acantilados; las nubes amenazantes sobre la aldea: el bosque de los amoríos; la tempestad, con olas gigantes batiendo la costa —símbolo de la pasión amorosa y, a la vez, de la lucha armada—… También saca el máximo partido de los objetos, como *leitmotiv* emocional: la sombrilla de Rose, la concha con arena de la playa que delata el adulterio; el generador eléctrico del campamento británico cuyo sonido despierta a Rose y le hace abandonar el lecho conyugal…

La hija de Ryan fue una de las últimas grandes superproducciones del cine clásico. Nada de ordenador, impresionantes escenarios naturales, una partitura envolvente —del gran Maurice Jarre—, y la mano firme de David Lean, que comenzó en el cine como montador, lo cual se nota en la fluidez narrativa del filme, a pesar de sus tres horas de duración. El cineasta tenía además la rara cualidad de integrar la deriva de los personajes en el contexto histórico, y que el conjunto quedara armónico. Es lo que hizo al cruzar la peripecia amorosa de Lara y Yuri con la revolución rusa, en *Doctor Zhivago*; y lo que hace con Rose y el maestro al cruzar sus trayectorias con la revolución irlandesa. De hecho, algunos críticos han visto un paralelismo entre la Irlanda que pugna por liberarse de la bota británica y la joven que se pasa la película queriendo escapar: primero del estrecho ambiente del pueblo, y luego de un matrimonio aburrido y sin alicientes. Hay sin embargo una diferencia, Rose ha elegido libremente casarse y debe aceptar las consecuencias de sus actos. El final abierto de *La hija de Ryan* da a entender que su yugo puede ser también el principio de su redención.

5

No es bueno que el hombre esté sordo

Revolutionary Road (EE.UU., 2008). Director: Sam Mendes. Intérpretes principales: Leonardo Di-Caprio y Kate Winslet.

Sinopsis

Frank (Leonardo DiCaprio) y April (Kate Winslet) eran guapos, se casaron enamorados, y vivían en Revolutionary Road (Conneticut) una avenida flanqueada por pulcros chalés en la próspera América de los años 50. Pero arrastraban frustraciones (ella fracasa en su carrera como actriz y él se asfixia en su trabajo en una empresa de computadoras y quiere irse a París). Bajo la capa de felicidad aparente, laten los egoísmos de dos inmaduros incapaces de comprender al otro. Y la incomunicación provocará violencia.

———

Revolutionary Road es la película de las dos ironías. La primera, muy obvia: los actores que la protagonizan (DiCaprio y Winslet) son los mismos que diez años antes hicieron *Titanic*, y si en ella naufragaban en el Atlántico, pero triunfaba el amor, en *Revolutionary Road* lo que se hunde es su matrimonio, aunque su nivel de vida permanezca a flote. Pero hay una segunda ironía: que una felicidad y una belleza impostadas, no logran ocultar su triste reverso, tesis que el director Sam Mendes ya apuntó en otro filme de título burlón *American beauty*.

La película se basa en una novela de Richard Yates, autor muy crítico con el sueño americano, y trata sobre una pareja que vive de las apariencias y es feliz sólo en apariencia. Sam Mendes y el director de fotografía Roger Deakins lo plasman en imágenes, recreando el look de aquel mundo: coches alargados y ostentosos (los Buick, Chevrolet, Cadillac… símbolos de prosperidad), las permanentes de las mujeres, los chalets impecables, o el trazado idílico de calles como la Vía Revolucionaria en la que viven Frank y April, y que da título al filme. Y bajo esa elegante cosmética, el director nos muestra la inmadurez y el vacío existencial de los jóvenes esposos, mediante unos diálogos mordaces, al estilo del teatro de Tennessee Williams, como los de *Un tranvía llamado deseo* o *La gata sobre el tejado de cinc*.

La unión de Frank y April se rompe porque cada uno de ellos se cierra sobre sí mismo, sin atender ni entender al otro. Lo que, por fuera, daba envidia, es un infierno de reproches y desencanto… y también de infidelidades (él con una secretaria, ella con un amigo con el que se desahoga). Ni Frank comprende a April, ni ésta a aquel. Cada uno de los dos está encerrado en la peor de las soledades, en la que comparten cosas materiales —la escenografía que les rodea— mientras tienen sus almas incomunicadas y ateridas.

Para que el hombre no esté solo, no debe estar sordo. Todo un arte y una épica, porque el ego corta con su cháchara autocompasiva las comunicaciones con el exterior. Cuando la gracia del matrimonio es que convierte el yo en tú, una entrega de almas y cuerpos, que hace del esposo y la esposa una inmensa oreja para atender las cuitas del otro. La verbal es una manifestación externa de la comunicación total propia del matrimonio, "el contrato más audaz por el que los esposos prometen *comunicarse cuanto son y cuanto tienen*", en palabras de Juan Pablo II.

La otra clave del fracaso de Frank y April es la fuga de la realidad. Creían ser una pareja especial, elevándose sobre la mediocridad que les rodeaba. Di Caprio desea irse a París, ese icono edénico que los norteamericanos alimentan desde los tiempos de la Revolución y Lafayette hasta los de *Casablanca* —siempre nos quedará París—, pasando por la fiesta de Hemingway. No ha comprendido que o coge por los cuernos lo que la vida le presenta o estará el santo día colgado en una utopía estéril. O descubre el paraíso donde realmente está —a unos centímetros, en la almohada que comparte con la mujer que eligió por compañera— o jamás saldrá de la frustración. Lo mismo le pasa a April cuando para escapar de la vulgaridad le dice a su marido: "Nos estamos volviendo como todos los demás, así que vamos a hacer algo para cambiar nuestras desilusionadas vidas. Salgamos de aquí. Vayamos a París. Salvémonos".

Significativamente quien les pone en su sitio es un excéntrico perturbado mental —el matemático John, hijo de unos amigos— cuando en la escena de la comida les echa en cara que están "jugando a las casitas".

Pero tan interesante como la reflexión doméstica es su traducción social. La historia de esa pareja de sordos, que solo parecen escuchar a sus caprichos y frustraciones, es la historia de una forma de concebir la vida en una sociedad vacía por dentro. La incomunicación implica, tarde o temprano, la violencia. Y el filme de Mendes no lo puede decir más claro: April aborta al hijo que espera. Una sociedad que no cree en sí misma, que se cierra en banda ante el otro otro, termina con pulsiones suicidas.

Revolutionary road es, en suma, una devastadora reflexión sobre la incomunicación en el matrimonio, servida por dos inmensos Leonardo DiCaprio y Kate

Winslet, que da para cientos de cinefórum sobre la vida en pareja.

Una escena, a modo de coda, sintetiza en menos de un minuto toda la película. Se ve a un viejo marido, duro de oído, que está harto de escuchar el incesante parloteo de su señora (Kathy Bates) y mientras asiente con la cabeza, con la mano desconecta el audífono que lleva colgado del cuello. La cámara enfoca la cara del viejo y luego sigue a la mano bajando hacia el pecho y a sus dedos, que giran la ruedecilla del aparato para desactivarlo. Una escena seca, despiadada, que nos da la clave de la deriva del matrimonio protagonista: la incomunicación. Un viejo tema que cobra actualidad en esta era, en la, como señaló el propio Mendes, que "la gente está enferma de incomunicación, porque solo hablan por internet".

6

La mujer del héroe

Las nieves del Kilimanjaro. (Francia, 2011). Director: Robert Guédiguian. Intérpretes principales: Jean-Pierre Darroussin y Ariane Ascaride. Título original: *Les neiges du Kilimandjaro.*

Sinopsis

Los hijos le regalan a un sindicalista del puerto de Marsella (Michel) y a su esposa (Marie Claire) un viaje al Kilimanjaro, en Kenia. Pero tres enmascarados les atracan y se fugan con sus tarjetas de crédito y los pasajes. Un día, Michel da, por casualidad, con la pista de uno de ellos, lo que permite a la policía detenerlo. Michel llegará a conocer al atracador y eso dará un giro inesperado a los acontecimientos.

———

"No puedo ser feliz si no lo son los demás" dice Michel (Jean-Pierre Darroussin) en una escena de *Las nieves del Kilimanjaro*, remedando la frase "es vergonzoso ser dichoso uno solo", que Albert Camus pone en boca de un personaje de *La peste.* Toda la película parece la concreción en imágenes del ideario de Camus, de su respuesta al sufrimiento de los inocentes, pero con una diferencia: la esperanza, que a este le faltaba.

El cineasta marsellés Robert Guédiguian, que militó de joven en el Partido Comunista, se inspira en el poema *La gente pobre,* de Víctor Hugo, para mostrar hasta qué extremo de coherencia personal puede llevar el socialismo. Michel, el protagonista, comienza incluyéndose en el sorteo de posibles despedidos de la empresa portuaria que va a reducir plantilla. Y termina perdonando al atracador que le ha arruinado el viaje al Kilimanjaro; y no solo eso, sino que su esposa y él se hacen cargo de los dos hermanos pequeños del delincuente.

Al principio, Michel y Marie Claire quedan noqueados por el atraco, e inician un itinerario, a tientas, desde el dolor y la perplejidad hasta la comprensión de quien les ha hecho daño. Cuando conoces a tu enemigo, deja de ser un ente abstracto. Ya no es un encapuchado, tiene rostro y una historia: es el hijo de una madre soltera que se dedica a la prostitución, un chico que no ha tenido suerte, que también se ha quedado en el paro, e intenta sacar adelante a sus dos hermanos pequeños. Cuando te pones en los zapatos del otro, llegas a comprender por qué actúa como actúa, aunque no lo justifiques, y descubres que también él lo pasa mal, incluso peor que tú.

Nadie le ha regalado nada a Michel, que ha estado en la lucha obrera toda su vida, dando la cara por sus compañeros, que ha trabajado duro en el puerto, para tener una casita y una pequeña pensión. Pero al conocer al atracador descubre que el futuro de las nuevas generaciones es aún más negro que el suyo. Durante su juventud, de socialista comprometido, había luchado contra el mundo de los pequeños burgueses, pero ahora se ve a sí mismo como uno de ellos, insensible a la necesidad ajena. Y su conciencia le impide permanecer impasible, cómodamente instalado en su resentimiento.

Pero si Michel encarna el ideal de la justicia social contra viento y marea es, en buena medida, porque no está solo. En su taquilla de trabajador del puerto, tiene un póster de Spiderman, su héroe de infancia –"yo quería ser justiciero" recordará—, y una foto de Jean Jàures, el célebre socialista de principios del siglo XX, que fundó el diario *L'Humanité*. Son sus referentes morales. Pero Spiderman no es más que un cómic, y Jàures murió en 1914. Más tangible y más cerca tiene a su esposa, Marie Claire (Ariane Ascaride), con la que comparte la visión de la vida. Ella es un referente moral de carne y hueso, la que da sentido a su existencia, como él dice expresamente en la fiesta del treinta aniversario, delante de todos: "te quiero cuando me hablas y te quiero cuando callas, te quiero cuando gritas y cuando susurras y cuando lloras y cuando ríes... te quería ayer y te quiero hoy".

Y ella le acompaña, de forma paralela, en el itinerario de comprensión y perdón que emprende. De manera que, con toda probabilidad, él no actuaría como lo hace si no fuera por ella. Lo cual demuestra la contingencia de los sexos por separado. Es lo que expresan las imágenes de *Las nieves del Kilimanjaro*, con estos dos *con-sortes* (que corren la misma suerte).

Esa unidad se muestra en dos aspectos: por un lado, en la admiración hacia el otro. Marie-Claire es una mujer muy capaz, con recursos, que quita hierro a las situaciones difíciles, con sentido del humor. Estudió enfermería, pero renunció a su trabajo para sacar a su familia adelante y apoyar al marido. No apabulla a Michel, que se ha quedado en paro, no se lo *come*, como ocurre a veces con las mujeres de mucha personalidad, sino que lo tiene en un pedestal. Así, cuando al comienzo del filme él le comunica que le han echado, tras haberse incluido en el sorteo de posibles despedidos, ella le responde sonriendo: "Hay días en que una se cansa de vivir con un héroe".

El otro aspecto es la sintonía. Tras haber indagado por su cuenta —sin que él lo sepa— sobre los dos hermanos pequeños del atracador, y haberse involucrado en atenderlos, Marie Claire decide acogerlos en casa. Y cuando se lo da por hecho a Michel, le cuenta que no se lo había dicho antes porque estaba segura de que él estaría de acuerdo.

Con su actitud, Marie Claire, la mujer del héroe, nos habla de solidaridad, amor al prójimo, amor al marido y lucha contra el aburguesamiento: el social y el conyugal. En este sentido se podría decir que *Las nieves del Kilimanjaro* bebe de un socialismo químicamente puro, si es que tal cosa existe, despojado de coartadas políticas y partidistas, y a la vez, y en el fondo, del mismísimo Evangelio (al fin y al cabo la patente de dos inventos como el *"una-sola-carne"* y el amor a los enemigos es de Jesucristo).

Las nieves del Kilimanjaro es una de esas películas que ensanchan el corazón. Casi se pueden tocar el amor y el sacrificio, materializados en la pareja protagonista. Y todo ello, sin aspavientos ni dramatismo, con un optimismo contagioso. Contribuye a ello la luminosidad que baña toda la historia y que irradian Michel y Marie Claire. Es significativo que en una película que comienza en el muelle, con estibadores despedidos —y resulta inevitable recordar la *La ley del silencio*, de Elia Kazan, con Marlon Brando—, apenas haya escenas nocturnas, ni una fotografía oscura, ni escenarios lúgubres. Nada que ver con el tono agrio del cine social de Ken Loach. La desgracia que

golpea a los protagonistas está hilvanada con escenas saturadas de luz del puerto de Marsella, la playa,
la terraza de la casa, las comidas familiares, bajo el
sol radiante del Mediterráneo, subrayando "el lado
soleado de la vida" al que se refería Julián Marías
parafraseando al poeta Alfred Tennyson. Nada más
apropiado para contarnos la historia del matrimonio
protagonista. Para encuadrar la mirada idealista, un
tanto ingenua, de ese quijote de los estibadores que
no está dispuesto a ser feliz si no lo están los que le
rodean; y la mirada enamorada, luminosa, clara de
—nunca mejor dicho— Marie Claire.

7

La guerra de los sexos

Thelma & Louise (EE.UU., 1991), director: Ridley Scott. Principales intérpretes: Susan Sarandon y Geena Davis.

Sinopsis

Dos amigas íntimas, la treintañera Thelma (Geena Davis) y la cuarentona Louise (Susan Sarandon), se van de escapada, en coche, de fin de semana, para desconectar de sus frustradas existencias. Thelma está casada con un machista empedernido que la trata como si fuera menor de edad; y Louise, que trabaja de camarera, no logra que su novio, el músico Jimmy, acepte el compromiso y se case con ella. Pero lo que comienza siendo un viaje liberador se convierte en una espiral de violencia en la que las dos mujeres quedarán atrapadas.

――――――

Thelma & Louise, filme tan taquillero como polémico, marcó un hito. Retomaba un subgénero (pareja que se sitúa al margen de la ley para desafiar al orden establecido, al volante de un coche), por el que ya habían transitado Arthur Penn con *Bonnie & Clyde*, o Terrence Malick con *Malas tierras*. Pero con una diferencia de calado: esta vez no se trataba de un chico y una chica sino de dos mujeres. La rebelión no es contra el orden establecido o la moral sexual sino, además, contra el varón. Si el filme icónico de la revolución sexual de los años 60 fue *Bonnie & Clyde*, el filme icónico de la revolución feminista en los 90 fue *Thelma & Louise*.

De alguna forma, la segunda viene a ser el corolario de la anterior. La (supuesta) liberación de tabúes, que la revolución sexual de los 60 prometía, se ha saldado con un repunte del machismo. La falta de respeto a la dignidad de la mujer, al convertirla en objeto de placer, es la espita de la violencia en todos los sentidos. Tiene lógica la reacción de los feminismos en una sociedad en la que para anunciar coñacs, deportivos o desodorantes era obligado poner a una señorita en bikini. Y no carecen de cierta justificación fenómenos como el #MeToo, como explica la ensayista Mary Eberstadt en *Gritos primigenios*: "la revolución [sexual] ha hecho que el sexo como tal esté más omnipresente que nunca", lo cual "ha distanciado a hombres y mujeres como no se había visto antes, tanto al reducir la familia como al aumentar la desconfianza entre hombres y mujeres debido a un consumismo sexual generalizado".

Y esto es lo que reflejaba Ridley Scott con su impactante película. Si algo define al cineasta británico es su olfato comercial. No es que no tenga cualidades notables —las ha demostrado con obras de arte (*Los duelistas, Blade Runner, Gladiator*)— pero en su irregular carrera hay alguna que otra chapuza (*1492, la conquista del Paraíso, La teniente O`Neill, Exodus*) y frívolas revisiones del pasado, como *El reino de los cielos*, que el historiador Ricardo de la Cierva calificó irónicamente como "Las cruzadas contadas por Bin Laden".

En *Thelma & Louise,* Scott conjuga la calidad con el olfato para proporcionar al feminismo una bandera cinematográfica. Los rostros de Susan Sarandon —tan convincente actriz como siempre— y Geena Davis son ya, para los restos, la cifra de los anhelos y la reivindicación de tanta mujer ninguneada, engañada, maltratada por lo que podríamos llamar el *establishment* machista.

Lo hace poniendo en escena un guion muy bien trabado por la debutante Callie Khouri; aunque algo tramposo, al llevar hasta la exageración los abusos de los personajes masculinos que se cruzan con las dos fugitivas. No le basta con reflejar la frustración de Thelma ante un marido que la trata a patadas; o la de Louise ante un novio que evita comprometerse, sino que incluye un asesinato en el primer tercio —Louise mata al hombre que intentar violar a Thelma—. Después cometen un atraco y en su huida se deslizan por una espiral fatal, típica de las películas de delincuentes. Lo que comienza siendo defensa propia se convierte en una guerra abierta contra el varón y, de paso, contra la autoridad: encierran a un policía en el capó de un coche-patrulla; y hacen explotar el camión cisterna del camionero que las requiere con gestos obscenos.

No es casual el escenario de esta *road-movie*: los paisajes desérticos del Oeste americano, magníficamente fotografiados por Adrian Bidle. A diferencia de *Caravana de mujeres*, las dos fugitivas no atraviesan esa geografía mítica en busca de un hombre y de un hogar, sino todo lo contrario. Se trata de una anti-epopeya, marcada por la desesperanza.

La llama que enciende la mecha es, en todos los casos, masculina. Matan al hombre porque quiere violar a Thelma; atracan el banco porque a Louise, a su vez, le ha robado su dinero el joven (Brad Pitt) con el que se ha acostado; encierran al policía, porque aprovechándose de su placa las ha despreciado. Incluso el único hombre sensato de toda la película —el policía encarnado por Harvey Keitel— que trata de evitar que caigan acribilladas hacia el final, se pone en el pellejo de las fugitivas porque se entera de que Louise fue violada de joven. El encadenamiento de acontecimientos parece conducir a las dos mujeres a la única respuesta posible: la declaración de guerra contra el sexo opresor. Todos los hombres son malos por el mero hecho de serlo (...y todas las mujeres son víctimas); y, además, no tienen remedio, parece desprenderse de esta historia, anticipándose a uno de los postulados del feminismo radical de nuestros días, que considera que la violencia es inherente al sexo masculino.

Signo de los tiempos, *Thelma & Louise* se estrenó en 1991, el mismo año que otra historia de mujeres contra hombres, *El silencio de los corderos*. Solo que, en este caso, la mujer (Jodie Foster) representa a la ley frente al perturbado caníbal (Anthony Hopkins). Y... este es exquisito y cultivado, a diferencia de los zafios machos que acosan a Thelma y Louise —como observa Pablo Kurtz en Filmaffinity—; pero el filme deja en evidencia el carácter predador del varón, que lleva la guerra de sexos al extremo de querer devorar, literalmente, a la mujer, en un *remake* posmoderno de Caperucita.

Treinta años después, la cultura de masas contemporánea y corrientes como el movimiento *woke* aparecen teñidas por esta polarización que enfrenta a Eva y Adán, y que está deteriorando la convivencia. Un pulso que, ni en la pantalla ni en la vida real, conduce a ninguna parte, como se explicita en la escena final de *Thelma & Louise*. Un pulso que tiene mucho de moda cultural y por esa razón, y a despecho de los estragos que está produciendo, terminará pasando… aunque no sepamos cuando. Ya lo dijo Henry Kissinger, con ácida ironía: la guerra de los sexos tiene poco futuro porque hay demasiada confraternización con el enemigo.

8

La soledad

Solas (España, 1999). Director: Benito Zambrano. Principales intérpretes: María Galiana y Ana Fernández.

Sinopsis

Sevilla, años 90. María (Ana Fernández), 35 años, se ve abocada al alcohol, porque se siente despreciada. Ha venido del pueblo a la ciudad, trabaja de mujer de la limpieza y el hombre del que se ha quedado embarazada se desentiende de ella. Está dispuesta a abortar, pero entonces aparece su madre Rosa (María Galiana), que llega a la capital para la operación quirúrgica de su marido, el cual la trata con desconsideración. Las dos están solas pero unidas harán frente a la adversidad.

———

De neorrealismo a la andaluza podríamos calificar la magnífica película escrita y dirigida por Benito Zambrano: dos mujeres, madre e hija, provenientes del éxodo rural, desubicadas de su hábitat natural, maltratadas por sus respectivas compañías masculinas, y que a pesar de sus diferencias de talante (desesperada y rebelde la hija, resignada a su suerte la madre) comparten un rasgo: la soledad.

La hija ha llegado a Sevilla, para escapar de un padre autoritario, pero sus sueños se hacen añicos y acaba trabajando de mujer de la limpieza y en manos de un

camionero que solo la quiere para acostarse con ella.
Cuando la deja embarazada la abandona a su suerte,
y ella bebe más de la cuenta. Dos escenas subrayan su
dramático desamparo: la del vestuario en la que el hombre la trata como a una prostituta; y la de las vías del
tren, cuando ella se ve reflejada, como en un espejo, en
la vieja mendiga alcoholizada, y se asoma así al abismo.

Por su parte, Rosa, la madre vive en el pueblo con
su marido, celoso, desagradable, que incluso llega a
pegarla. Pero no lo deja ni a sol ni a sombra, y cuando
cae enfermo lo ingresa en el hospital de la ciudad, y se
instala en el apartamento de la hija. La buena señora
sufre sin que se le oiga una queja, aceptando la vida
tal cual es, actitud que exaspera a la hija que le acusa
de conformista.

Frente al callejón sin salida de esas vidas rotas,
la madre encenderá una llamita, apenas perceptible,
que irá creciendo y al final iluminará todo lo que le
rodea. Esa llamita es la capacidad de acogida propia
de la maternidad. En primer lugar, acogerá al marido
celoso y desagradable, soportando con paciencia sus
desplantes. En segundo lugar, acogerá y sostendrá a
su hija que está al borde del precipicio, convirtiendo
el desolado apartamento en un hogar; y haciendo posible que nazca el niño que la joven espera.

Pero —no menos importante—, acogerá también al vecino viudo, al que atiende cuando cae enfermo, y hará nacer en él la gratitud y los deseos de proteger a la madre y al niño, sacando lo mejor de su noble alma. Porque la maternidad no tiene límites y su solicitud alcanza a cuantos le rodean, incluidos los vecinos, esos que ponen a nuestro lado las agencias inmobiliarias —es decir, la Providencia disfrazada de mercado de la vivienda—. Al ver a Rosa atender al vecino con tanto cariño y tanta gracia —emocionante, la escena en que le limpia después de haber vomitado— es inevitable acordarse de "los santos de la puerta de al lado" de los que habla el papa Francisco.

La actitud de esa pueblerina que no sabe coger el autobús para ir al hospital transforma el mundo; y otorga valor a todas las cosas, comenzando por el valor incalculable de toda vida humana, aunque sea tan frágil y necesitada como la de su marido o la del bebé que espera su hija.

Hay que decir que el título del filme no es del todo exacto. Porque, a pesar de todo, las mujeres —como sexo distinto del varón— no están solas. Ni en la realidad, ni en esta película. Es verdad que poseen un secreto más preciado que el codiciado por los alquimistas: el de engendrar nuevos seres humanos, y una fuerza casi telúrica, para defender a sus crías y forjar personas. Que ellas se bastan y se sobran. Pero no es menos verdad que sin el varón no van a ninguna parte. Así, para completar el milagro que Rosa incoa con su entrega hace falta un varón. Será el vecino viudo (muy bien interpretado por el actor Carlos Álvarez-Novoa) el que acabe de convencer a María de que tenga al niño, con el argumento de que no estará *sola* en su crianza y educación, ya que él le dará unos apellidos.

Sin negar el coraje de las dos mujeres, queda apuntada en el filme la complementariedad de los sexos. Como indicaba Julián Marías con un símil muy gráfico, el hombre está vuelto hacia la mujer y referido a ella, igual que la mano derecha a la mano izquierda, y añadía: sería absurdo un mundo de manos derechas solas o de manos izquierdas solas, porque entonces las manos perderían su identidad.

Y eso es lo que expone, con imágenes sobrias y precisas, el filme de Zambrano, gracias a unos actores que parece haber nacido para hacer esos papeles: singularmente Ana Galiana (la madre) y Ana Fernández (María, la hija), con una autenticidad que traspasa la pantalla y contagia al espectador su desgarro, su lucha, sus dilemas y también su esperanza.

El machismo, arraigado en determinadas culturas —como ocurría en el agro andaluz—, es una vieja lacra que se ha traducido en malos tratos y violencia doméstica en los casos más extremos, o en superioridad y condescendencia en otros; pero que pervive en esta época de supuesta emancipación de la mujer.

Ante el machismo cabe la rebelión como han reflejado, de distintos modos, el teatro, con *Casa de muñecas*, de Ibsen; o el cine con *Thelma y Louise*, de Ridley Scott. Es una alternativa; pero también cabe *elegir* lo que te pasa, que es quizá la forma más pura de ejercer la libertad. En el fondo, es lo que ha hecho históricamente la mujer en el hogar.

¿Mera resignación? Puede ser, pero también puede tratarse de fidelidad al compromiso, aunque la otra parte no cumpla —como le pasa a Rosa con su insufrible marido—; y aceptar la vida como viene. Es lo que hace esa mujer analfabeta, pero con esa sabiduría paradójica de las madres de toda la vida y su "capacidad de fingir, sufrir y amar" como se dice en *Todo sobre mi madre*, de Pedro Almodóvar, cineasta que, en medio de sus películas truculentas y sus personajes estridentes, tiene algunas intuiciones certeras sobre el mundo femenino.

Lo vemos en la ficción dramática de Zambrano, a través de un caso extremo, pero en realidad ya lo hemos visto antes, en la vida cotidiana, en cuestiones más menudas, con tantas mujeres, heroínas del pañal y de la sartén, que no se daban importancia, que lo hacían con tanta discreción que ni nos enterábamos. Ponían paz, ponían orden, ponían amor incluso donde no había amor y, al final, sacaban amor, como decía San Juan de la Cruz. E incluso vida, como en *Solas*.

9

La maternidad

Cinco lobitos, (España, 2022) Directora: Alaúda Ruiz de Azúa. Principales intérpretes: Laia Costa y Susi Sánchez.

Sinopsis

Amaia (Laia Costa) es una joven profesional que acaba de tener a su primera hija y se le cae el mundo encima, cuando sus padres Begoña (Susi Sánchez) y Koldo (Ramón Barea), que habían ido a ayudarla a Madrid, se vuelven al pueblo de Vizcaya. Su pareja viaja con frecuencia, y ella se divide entre el teletrabajo y otro trabajo mucho más absorbente: el que, *veinticuatro/siete,* le da el bebé. Así que viaja al pueblo para que sus padres le ayuden con la crianza. Allí descubrirá que, para saber ser madre, antes hay que saber ser hija.

———

"No se ponga tan hueca, señora. He traído a este pícaro mundo cientos de niños y el último era siempre el más guapo" —le dice el médico borrachín de *La diligencia* a la joven madre a la que acaba de atender en una cutre estación de postas de Arizona. Han pasado más de ochenta años desde la película de John Ford, pero las madres primerizas del siglo XXI se enfrentan a peligros no menos amenazantes que viajar en un carruaje con el aliento de los apaches en el cuello. Para cada gestante, el parto es una aventura y los primeros meses de esa criatura absorbente y de llanto desquiciante, una dura prueba, por más que se trate de lo más natural y hermoso que le pueda acontecer a una mujer.

Eso es lo que refleja *Cinco lobitos,* con singular autenticidad pues su joven directora se ha basado en su propia experiencia con los pañales y el biberón. Programadas por sofisticadas carreras para el mundo profesional, las (y los) *millennials* carecen de másteres para enfrentarse a ese otro mundo que daban por supuesto, que parece que sale solo, porque de él se encargaban sus abnegadas madres. Pero cuando tienen un bebé, deben salir de su zona de confort, cuyas herramientas dominan —como el inglés con el que la joven Amaia despacha con la cliente para la que teletrabaja—, e internarse en un territorio inexplorado y desconcertante.

En *Cinco lobitos* asistimos al proceso de maduración de una joven en lo que podíamos llamar la épica del hogar, la épica de la atención a los más desvalidos, que en este caso —como suele ocurrir en las familias— no solo es un bebé sino también los mayores. Amaia lanza un SOS a sus padres para saber a qué atenerse en esa crisis existencial que aqueja a toda primeriza, pero al final tiene que ser ella la que termine cogiendo el timón de la casa paterna, porque Begoña, su madre, cae gravemente enferma.

Va en busca de paz, y lo que encuentra es una madre algo impositiva, seca, práctica, y un padre, jubilado, que parece contar poco. Una familia en la que no faltan roces, malentendidos, y a la vez, en medio de todo ello, un cariño latente. Dos frases enmarcan el itinerario de Amaia. Cuando baja del coche al llegar al pueblo le susurra al bebé "Ya estamos en casa", pero cuando, meses después, regresa a Madrid, en la escena final, le dice "nos vamos a casa". Ha aprendido que el hogar no es un espacio físico, sino algo que ella misma hace. Y la que mejor se lo puede enseñar es otra madre, la más indicada para hacerlo, la suya propia, que quita hierro a las menudencias que para ella eran montañas (cuando le explica, por ejemplo, que los niños se caen y no es una tragedia). Amaia puede decir cuando regresa a Madrid "nos vamos a casa", porque su piso de Malasaña ya es un hogar, no porque haya cambiado el mobiliario, ni porque ahora sea más acogedor que antes o el trabajo menos estresante, sino porque la que ha cambiado ha sido la propia Amaia convirtiendo su cuerpo en un hogar. Las madres llevan el hogar con ellas, no a cuestas como los caracoles, sino en su corazón. No importa a donde vayan, porque son capaces de transformar lo más inhóspito.

Pero para hacerlo es preciso no dividir el corazón. Nada tiene que ver la chica disociada del comienzo con la que regresa a Madrid. En el itinerario
que ha recorrido con sus padres, ha aprendido a no
parcelar el corazón en compartimentos estancos. La
vida y el sufrimiento le han enseñado que para que-
rerse a sí misma, debe querer a sus progenitores, tal
como son, con sus patentes imperfecciones, y solo así
podrá querer a su bebé ("prométeme que serás feliz"
le susurra); que su amor a su chico será una mentira
si no ama, a la vez, a sus padres. No es fácil querer
bien, es una asignatura pendiente que tenemos las
personas, heridas por el pecado original, y asediadas
por los egoísmos, las soberbias y los miedos. Pero los
avatares de la vida ofrecen la posibilidad de aceptar
"lo que te ha tocado" —como le dice Begoña a su
hija, mientras le enseña a limpiar anchoas— y de pu-
rificar el corazón. Y lo dice una mujer que cometió
una infidelidad, treinta años atrás, y se "sentía sola",
pero que ahí sigue, mal que bien, con su marido, al
pie del cañón. En este contexto, los gestos son más
elocuentes que las palabras. Por ejemplo, la mano
que Begoña tiende a su marido cuando va a entrar en
el quirófano, subrayando que se despide de él, precisamente de él, y no de la hija. O el abrazo que le da

a Amaia, poco antes de morir, el único que vemos en toda la película, pues Begoña es poco afectuosa. O el que finalmente se dan, entre lágrimas, Amaia y su padre, cuando la joven tiene que regresar a Madrid.

A *Cinco lobitos* no les sobra ni le falta una sola escena, ni una sola línea de diálogo, gracias a un guion inteligente y preciso —escrito por la propia directora— que no cae jamás en lo obvio, y a unos actores que no lo parecen, tal es la convicción con la que viven su papel (Susi Sánchez, Laia Costa, Ramón Barea, por este orden). Todas las escenas tienen sentido tal como se suceden, y todos los personajes tal como evolucionan. Por eso resulta difícil decir cuál es el mejor fragmento. Pero si tuviéramos que elegir una secuencia, nos quedaríamos con la del video familiar que el padre prepara recopilando escenas de cuando ellos eran un joven matrimonio con su hija, y que los tres contemplan juntos entre risas y alguna lágrima. La escena es un homenaje al propio cine, al poder evocador de la imagen para *resucitar* lo que el tiempo había arrumbado al desván del olvido. Y, como ocurre en la emocionante escena de *Cinema paraíso* en la que el maduro Totó contempla el montaje de besos censurados que le había legado el proyeccionista Alfredo, se trata de una declaración de amor hecha con cine —en este caso con vídeo—. Casi sin hablar entre los tres, o mejor dicho diciéndoselo todo con las miradas, conscientes de que una de esas miradas —la de Begoña— es una despedida.

Cuando esta se ve a sí misma en esas imágenes caseras, antiguas y sin sonido, (y a su hija y a su marido) se le escapa: "A veces eres feliz y no te das cuenta". Y sin embargo su matrimonio con Koldo no ha sido precisamente una balsa de aceite. Pero volviendo la vista atrás, en esa escena que tiene mucho de balance, se intuye esa cosa inasible que los humanos llamamos felicidad. Una felicidad en medio del dolor, las contradicciones, la pobreza —en el sentido de sentirse frágil y necesitado—... de "la salud y la enfermedad" todos los días de una vida… que está a punto de acabarse. Una felicidad donde no se la espera, como titula Jacques Philippe un libro sobre la Bienaventuranzas. La felicidad en el hogar, esa paradoja que es más grande por dentro que por fuera, como lo definía Chesterton.

La secuencia tiene sabor fordiano, y recuerda el nostálgico desenlace de *Qué verde era mi valle* en el que volvemos a ver escenas de la vida del niño protagonista y su padre, antes de que aquel cierre el filme con la frase: "Los hombres como mi padre no mueren. Siguen dentro de mí, tan reales en mi memoria, como lo fueron en vida..." Quizá por eso, al terminar, Begoña y Amaya le piden a Koldo que vuelva a poner el vídeo. Igual que nosotros, los espectadores, que nos quedamos con ganas de saborear, de nuevo, esta joya del cine español.

10

Señora de rojo
sobre fondo gris

Gran Torino (EE.UU., 2008). Director: Clint Eastwood. Principales intérpretes: Clint Eastwood y Bee Vang.

Sinopsis

Walt Kowalski (Clint Eastwood), un jubilado de la Ford en Detroit, y veterano de la guerra de Corea, acaba de enviudar. No se lleva bien con sus egoístas hijos –que quieren meterle en una residencia— y se siente incómodo en su barrio, lleno de inmigrantes. Su entretenimiento, cuando no está cuidando su precioso Ford modelo *Gran Torino 1972*, consiste en sentarse en el porche, con su perra Daisy, beber cerveza y abroncar, con palabras malsonantes, a sus vecinos, una familia de la etnia *hmong*, del sudeste asiático. Pero su vida dará un giro inesperado cuando se haga amigo del chico, el tímido adolescente Thao, y le preste su ayuda.

————

Le puede sorprender al lector que incluyamos una película que no va de mujeres, sino de un jubilado, y que quien lo encarna sea nada menos que Clint Eastwood, icono de una masculinidad muy concreta. Pero la evolución del personaje y el desenlace de esa historia están marcados por la sombra omnipresente de su mujer, Dorothy. La gracia de esta espléndida película es, precisamente, que ella no aparezca en ningún momento. O, mejor dicho, que su luz se refleje de forma indirecta en el rostro y en las acciones de un hombre de 75 años.

De hecho, la película empieza cuando la esposa acaba de fallecer y el mundo de Walt se viene abajo. Se ha quedado tan aparcado como su *Gran Torino*, desplazado de unos hijos que van a lo suyo, desplazado también de su hábitat: el barrio de trabajadores de raza blanca se ha globalizado y se ha llenado de inmigrantes asiáticos y latinos —cuando va al centro de salud ya no está su médico de siempre sino una doctora asiática a la que casi no entiende—. Y Detroit, orgullo de la industria del motor, se ha convertido en un cementerio de coches.

Los destinos de Walt y el joven Thao se cruzan cuando este —empujado por delincuentes de su misma etnia—, intenta robarle el coche. De acuerdo con sus tradiciones, la familia de Thao le obliga al chico a servir una semana a Walt como expiación. El jubilado lo pone, entonces, a arreglar las fachadas de las casas del barrio. El adolescente crecerá como persona al lado de Walt, que se convertirá en su figura paterna. Cuando los delincuentes violen a Sue, la hermana de Thao, y este quiera vengarse, Walt tomará cartas en el asunto en un final dramático, para lograr que se haga justicia, evitando a la vez que Thao se convierta en un asesino. Antes de hacerlo, Walt pondrá en orden su vida, confesándose con su joven párroco, "porque se lo había prometido a Dorothy".

Violencia y redención, dos constantes del cine de Eastwood están presentes en el viudo de *Gran Torino* que, como han señalado los críticos, parece un *Harry el Sucio* jubilado. No faltan guiños paródicos a la famosa pistola *Magnum 44*, a la chulería del personaje, a su lenguaje malsonante, y a los estallidos de violencia. Pero tampoco al romanticismo, oculto tras una máscara de misantropía, de quien se juega la vida por el débil. Conecta *Gran Torino* con otros personajes de Eastwood, como el ex-pistolero del western *Sin perdón*, otro viudo que dejó la bebida porque se lo prometió a su mujer, y que vuelve a empuñar el revólver para defender a unas prostitutas.

Recurre Eastwood, como en otras películas suyas, a un technicolor apagado que parece blanco y negro, acorde con el tono elegíaco de la historia. Es el fondo gris, sobre el que destaca, implícitamente, el rojo de Dorothy, como el que *pintaba* Delibes en su novela, *Señora de rojo sobre fondo gris*. El reino de Walt ya no es de este mundo: casi todos los personajes son más jóvenes que él, excepto su amigo el peluquero con el que se intercambia jocosos insultos para manifestar pudorosamente lo mucho que se aprecian. Y consciente de que le ronda la muerte, ajusta cuentas con su pasado.

Walt carga con dos cicatrices: los horrores de la guerra de Corea en la que disparó sobre enemigos desarmados y la ausencia de Dorothy, con la que llevaba casado desde los veinte años. Y las dos explican la catarsis final. Quizá no fue un marido del todo ejemplar, pero el zarpazo en carne viva de la viudez demuestra que la sigue amando, haciendo suya las palabras de C.S. Lewis en su autobiográfica *Una pena en observación*: "Si duele —y claro que duele— hay que aceptar tal dolor como un elemento inherente" al amor. O las de Fernando Savater, tras perder a su esposa: "Para quien de verdad ha amado y ha perdido a la persona amada, el amortiguamiento del dolor es la perspectiva más cruel". El desgarro, cuando ha habido verdadera unión conyugal, es real, como expresa el cantar del *Mio Cid*, cuando Rodrigo se separa de Jimena para marchar al destierro: *assís' parten unos d'otros / commo la uña de la carne…*

Y si Walt sigue afrontando la dura carga es porque intuye que la muerte no es el final, que el amor, a pesar de todo, es inmortal, aunque él no sea capaz de expresarlo con palabras. "En la medida en que se ama, se necesita seguir viviendo o volver a vivir después de la muerte, para seguir amando" afirma Julián Marías, que, como Delibes o C.S. Lewis, vio su vida truncada cuando enviudó.

Y eso es, tal cual, lo que hace Walt al proyectar el amor que le debe a su esposa en Thao, en su hermana Sue, y en la familia de inmigrantes asiáticos, amenazados por la delincuencia. Fiel al laconismo forjado en los spaghetti—western de Segio Leone, el personaje de Clint Eastwood no habla ante el cuadro de su esposa, como Spencer Tracy en *El último hurra*, o ante la tumba de la suya como John Wayne en *La legión invencible*, pero toda su actuación en la parte final de *Gran Torino* es una elocuente respuesta a Dorothy, con la que espera encontrarse en la otra vida.

Por todo ello, *Gran Torino* es un canto a la mujer amada, a la capacidad de la esposa para sacar del marido lo mejor de sí mismo, para hacer de él un defensor del débil, que cumple las promesas que le hizo a su dama, que se enfrenta a los dragones del odio, del resentimiento o de la violencia sin otras armas que su encendedor Zippo y una plegaria a Nuestra Señora, como un caballero del siglo XIII, que hubiera trocado la armadura por el mono de obrero del motor en un Detroit postindustrial y decadente.

Otras películas interesantes sobre la mujer

— *Ninotchka* (EE.UU., 1938). Director: Ernst Lubitch. Con Greta Garbo.

— *Carta a tres esposas* (EE.UU., 1949). Director: Joseph L. Mankiewicz. Con Jeanne Crain, Linda Darnell y Kirk Douglas.

— *Eva al desnudo* (EE.UU., 1952). Director: Joseph L. Manckiewicz. Con Bette Davis.

— *Johhny Guitar* (EE.UU., 1953). Director: Nicholas Ray. Con Joan Crawford.

— *Las noches de Cabiria* (Italia, 1956). Director: Federico Fellini. Con Giulietta Massina.

— *El milagro de Ana Sullivan* (EE.UU., 1962). Director: Arthur Penn. Con Anne Bancroft.

— *Una luz en el hampa* (EE.UU., 1965). Director: Samuel Fuller. Con Constance Towers.

— *El festín de Babette* (Dinamarca, 1988). Director: Gabriel Axel. Con Stephane Audran.

— *Otra mujer* (EE.UU., 1989). Director: Woody Allen. Con Gena Rowlands.

— *La edad de la inocencia* (EE.UU., 1993). Director: Martin Scorsese. Con Michelle Pfeiffer, Wynona Ryder y Daniel Day-Lewis

— *Vivir* (China, 1994). Director: Zhang Yimou. Con Gong Li.

— *Fargo* (EE.UU., 1996). Director: Ethan y Joel Coen. Con Frances McDormand.

— *Tres anuncios en las afueras* (EE.UU., 2016). Director: Martin McDonagh. Con Frances McDormand.

— *Roma* (México, 2018). Director: Alfonso Cuarón. Con Yalitza Aparicio.

Últimos títulos publicados

(www.editorialdidaskalos.org)

Suscríbete en nuestra web para recibir las mejores promociones

Didaskalos Profamilia

7   ENGENDRAR UN HIJO
¿Qué hace humana la generatividad?
Pierpaolo Donati

6   LA AVENTURA DE SER PADRE O LA ESPERANZA
DE SER SORPRENDIDO
John Mccarthy

5   LA FAMILIA, ARCA DE LA MISERICORDIA
José Granados

4   PLURALIDAD DE MODELOS DE FAMILIA
¿Expresiones imperfectas de un mismo ideal?
Stephan Kampowski

3   ¿QUÉ ACOMPAÑAMIENTO ABRE UNA ESPERANZA?
Las prácticas pastorales con los divorciados vueltos a casar
Juan José Pérez-Soba

Didaskalos

89   A SOLAS CON EL SEÑOR
Antonio Orbe

88   JESÚS, LA BUENA NOTICIA
Klemens Stock, SJ

87   PADRE, HIJOS Y, SOBRE TODO, HERMANOS
Notas sobre el ministerio presbiteral
Gabriel Richi Alberti

86   AGENDA 2033 NUEVA Y ETERNA
Eduardo Granados

85   LA CANTATA DEL AMOR
Lectura seguida del Cantar de los Cantares
Blaise Arminjon

84   GUÍA PARA CRISTIAMOS QUE BUSCAN LA VERDAD
Ralph Weimann

83   BAUTISMO, SU PASCUA EN NOSOTROS
¿Puede hoy renacer lo humano?
José Granados

82   JESÚS, EL HIJO DE DIOS
Meditaciones sobre el Evangelio de san Juan
Klemens Stock

81   EL PODER DE LA PROMESA
Guía para un amor activo y para toda la vida
Scott M. Stanley

Fuera de colección

1   LA ESPERANZA, ANCLA Y ESTRELLA
En torno a la encíclica *Spe Salvi*
José Noriega, José Granados García (coed.)

Adán y Eva

6   APÓCRIFO DE JOSÉ
Luis Sánchez Navarro

5   DIARIOS DE ADÁN Y EVA
Mark Twain

4   ADÁN Y EVA EN EL ANTIGUO TESTAMENTO
Y EN LA TRADICIÓN HEBREA
Carlos Granados

3   MEDITACIÓN SOBRE EL DON
San Juan Pablo II

2   EPITALAMIO Y OTROS POEMAS
Fray Alien

Didaskalos

Colección San Francisco de Sales

4   MILAGROS Y CURACIONES
San Francisco De Sales

3   LA VIDA DE LA VIRGEN MARÍA POR
SAN FRANCISCO DE SALES
Joseph Duval

2   EL CORAZÓN DE JESÚS Y SU AMOR PARA
CON NOSOTROS
San Francisco De Sales

Didaskalos minor

Cor ad Cor

6   CON LOS PIES EN LA LUNA
Francisco Vidal

5   DEL DESIERTO AL JARDÍN
El camino de la Pascua
Francisco Vidal

4   DE NAZARET A BELÉN: 111 KILÓMETROS
Francisco Vidal

3   EN MARÍA CON JUAN PABLO II
Francisco Vidal

Didaskalos Pedagogía

2   ¿TENDRÁN FE NUESTROS HIJOS?
     Educar desde la vida sacramental
     José Granados, Juan Antonio Granados, Carlos Granados

1   ALIANZA EDUCATIVA
     José Granados, Juan Antonio Granados

Didaskalos Literatura

5   UN SEÑORITO NUEVO EN EL PUEBLO
     José Alberto Fernández López

4   TRES DÍAS AL AZAR
     Sergio Belardinelli

3   LA CARNE Y LA PALABRA
     Poesías para meditar los misterios de Jesús
     José Granados García

2   MABEL, LA PRINCESA DE ÍNCAPUT
     R. Hidalgo

1   NUESTROS ACTOS NOS SIGUEN
     P. Bourget

Didaskalos Infantil

2   EL PINCEL ORGULLOSO
     Daniel Martín Bernaldo de Quirós

1   CRISPÍN Y EL DRAGÓN AGAMENÓN
     R. Hidalgo, M. Boza